दैनिक प्रेरणा

वर्ष के प्रत्येक दिन के लिये एक सुविचार

BOOKS AND BOOKLETS BY J.P. VASWANI

In English:

- Dada J.P. Vaswani: His Life and Teachings
- Living Legend
- Sadhu Vaswani: His Life And Teachings
- Hinduism
- The Bhagavad Gita: The Song of Life (With Sanskrit Slokas)
- The Bhagavad Gita: The Song of The Supreme
- Sketches of Saints Known & Unknown
- Short Sketches of Saints Known & Unknown
- The Seven Commandments of the Bhagavad Gita
- What You Would Like To know About Karma
- Dada Answers
- Daily Appointment With God
- Daily Inspiration
- Discover Yourself!
- Dost Thou Keep Memory?
- God In Quest of Man
- I Luv U, God!
- Interviews And Innerviews
- Joy Peace Pills
- Moments With The Master
- Pilgrimage To God
- Teachers are Sculptors
- Thus Have I Been Taught
- You Are Not Alone God Is With You!
- 10 Commandments of A Successful Marriage
- Around The Camp Fire
- Burn Anger Before Anger Burns You
- Destination Happiness
- Good Parenting
- Kill Fear Before Fear Kills You
- Ladder of Abhyasa
- Saints for You & Me
- Peace or Perish
- Positive Power of Thanksgiving
- Secrets of Health And Happiness
- Simply Vegetarian (Over 125 exotic recepies)
- Swallow Irritation Before Irritation Swallows You
- The Little Book of Freedom From Stress
- The Little Book of Prayer
- The Little Book of Service
- The Little Book of Success
- The Little Book of Yoga
- The Magic of Forgiveness
- The Way of Abhyasa (How To Meditate)
- Tips For Teenagers
- 101 Stories For You And Me
- 25 Stories For Children and also for Teens
- It's All A Matter of Attitude
- More Snacks For The Soul
- Snacks For The Soul
- You Can Make A Difference
- 108 Simple Prayers of A Simple Man
- Life After Death
- Sufi Saints of East & West
- The Perfect Relationship: Guru and Disciple
- Why Do Good People Suffer?
- 108 Pearls of Practical Wisdom
- 108 Thoughts on Success
- 114 Thoughts on Love
- A Little Book of Life
- A Treasure of Quotes
- Begin The Day With God
- Dew Drops
- The Little Book of Wisdom
- I am a Sindhi
- Management Moment By Moment
- Formula For Prosperity

In Hindi:

- Jiski Jholi Mein Hai Pyaar
- Pyar Kaa Masihaa
- Sadhu Vaswani: Unkaa Jeevan Aur Shikshaaye
- Aalwar Santon Ki Mahaan Gaathaayen
- Brindavan Kaa Baalak
- Santon Ki Leela
- Bhakton Ki Uljhanon Kaa Saral Upaai
- Krodh Ko Jalaayen, Swayam Ko Nahin
- Praarthnaa ki Shakti
- Safal Vivah Ke Dus Rahasya
- Atmik Jalpaan
- Atmik Poshan
- Bhale Logon Ke Saath Buraa Kyon?
- Mrityu Hai Dwaar... Phir Kyaa?
- Chaahat Hai Mujhe Ik Teri Teri! (Booklet)
- Ishwar Tujhe Pranaam

In Marathi:

- Krodhala Shaanth Kara, Krodhane Ghala G
- Purvee (Burn Anger Before Anger Burns You)
- Sufi Sant (Sufi Saints of East and West)
- Jyanchya Jholit Aahe Prem (Jiski Jholi Mein Hai P
- Yashasvi Vaivahik Jiwanaachi Sutre Commandments of Successful Marriage)
- Karma Mhanje Kay? Samjun Ghyaychey Would You Like to Know About Karma)
- Mrityu Nantarche Jeevan (Life After Death)

दैनिक प्रेरणा

वर्ष के प्रत्येक दिन के लिये एक सुविचार

जे.पी. वास्वानी

अनुवादिका

श्रीमती मोहिनी गुलीयानी बी.ए. (ऑनर्स)

गीता पब्लिशिंग हाउस

10 साधु वासवानी मिशन

पुणे - 411 001 (भारत)

gph@sadhuvaswani.org

online website :

www.dadavaswanisbooks.org

प्रकाशक :

गीता पब्लिशिंग हाउस

10 साधु वासवानी मिशन

पुणे - 411 001 (भारत)

gph@sadhuvaswani.org
online website :
www.dadavaswanisbooks.org

दूसरा प्रकाशन

978-81-87662-77-8

मुद्रक :

मेहता ऑफसेट प्रा. लि.

मेहता हाउस, ए-16 (पूर्व), नारायणा-II,

नई दिल्ली-110028

जनवरी

चाहे आपने लाखों रुपये कमाये हों, पर उस दिन को तभी सम्पूर्ण समझिये जब आपने ऐसे मनुष्य की मदद की हो जो उसके बदले आपको कुछ नहीं दे सकता।

जनवरी 1

क्या कुछ ऐसे चिन्ह हैं,
जिनसे हम अपनी आध्यात्मिक
उन्नति के बारे में जान सकें।
जैसे-जैसे मनुष्य आध्यात्मिक उन्नति
करता है, उसके भाव अधिक
कोमल, विचार अधिक पवित्र,
उसके शब्द अधिक मधुर और
मौन अधिक गहरा हो जाता है।

जनवरी 2

हमारे मन व संकल्प मलिनता से भरे पड़े हैं और उन्हें सफ़ाई की ज़रूरत है। यह काम तीव्रता से होगा यदि कर्त्तव्य के प्रति निष्ठा, सत्संग, उपासना, निष्काम सेवा और सबसे बढ़कर, बुराई का बदला भलाई से दिया जाये।

जनवरी 3

प्रेम करना व प्रेम पाना, जीवन का सबसे बड़ा उपहार है।

जनवरी 4

क्या किसी ने आपका दिल दुखाया है? क्या किसी ने आपका अपमान किया है? याद रखें अपमान खोटे सिक्के की तरह है। मिलेगा अवश्य, किन्तु आप उसे लेना अस्वीकार कर सकते हैं।

जनवरी 5

रास्ता तो वही है।
चढ़ाई की ओर भी है और
ढलान की ओर भी। अलग-अलग
लोग अलग-अलग दिशा चुनते हैं।

जनवरी 6

सरल जीवन ही
उत्तम जीवन है।

जनवरी 7

इस लोक में हमारे मान का मापदंड है कि कितने लोग हमारे एक इशारे पर सेवा को तत्पर रहते हैं। परलोक में हमारे मान का मापदंड होगा कि हमने कितने लोगों की सेवा की है।

जनवरी 8

जीवन बहुत छोटा है।
इसे दूसरों के दोष निकालने में,
ईर्षा-द्वेष या अपने प्रति हुए
अनुचित व्यवहार की दुखद
यादों में व्यर्थ खर्च न होने दें।

जनवरी 9

मैं ऐसे बहुत से लोगों से मिला हूँ, जो दूसरों के धर्म की अपेक्षा अपने धर्म की बड़ाई में लम्बी चौड़ी बातें करेंगे, और चर्चा व तर्क-वितर्क करेंगे।

धर्म जीवन है।

जनवरी 10

एक सज्जन की कसौटी
यह है कि वह कितना
सहनशील है, उसमें कितनी
मिल-बाँटने की उदारता है और
कितनी जल्दी वह अपनी ग़लती
मानता और उसे सुधारता है।

हम प्रतिदिन ऐसे शब्द बोलें, जिससे हमें मानसिक शांति मिले। प्रतिदिन हम बुराई के बदले बुराई न अपनाकर निर्बल हृदयों को सबल बनायें। अधिक से अधिक लोगों के साथ, अधिक से अधिक भलाई कर सकें। दूसरों को जो हम खुशी देते हैं, वह लौटकर हमारे पास आती है।

जनवरी 12

उसी का जीवन सफ़ल है, जो
हमेशा हसँता रहता है,
प्रेम करता है और दूसरों की
ख़ुशी के लिये अपनी
ख़ुशी का बलिदान करता है।

जनवरी 13

चरित्र का परीक्षण – चाहे मुसीबतों का सामना करना पड़े, क्या आप सच का साथ देने की हिम्मत रखते हैं? क्या मुश्किल समय में भी आप मुस्करा सकते हैं? बुराई करने के प्रलोभन को नकार सकते हैं?

जनवरी 14

हम में से कुछ लोग यौगिक अभ्यास व आध्यात्मिक साधना में इतने व्यस्त हो जाते हैं कि प्रभु-प्रेम को भूल जाते हैं। इसी कारण हम कहीं नहीं पहुँच पाते। उन्नति नहीं कर पाते।

जनवरी 15

आओ, अपनी प्रार्थना में
हम प्रभु से माँगें कम और
धन्यवाद अधिक करें।
परमेश्वर को धन्यवाद दें
जिसकी कृपा बेअनन्त है।

जनवरी 16

मेरा वह दिन साकार हो गया
जिस दिन मैंने एक भी
मनुष्य को प्रसन्न किया हो।
एक भी प्राणी को आराम दिया हो,
या किसी हृदय में आशा का
दीप जलाया हो।

जनवरी 17

क्रोध का सामना करने के तीन तरीके हैं:

1. प्रकट करना
2. दबाना
3. क्षमा करना

क्षमा करके क्रोध पर काबू पाना सर्वोत्तम तरीका है। क्षमा माँगने से पहले ही क्षमा दे दी जाये।

जनवरी 18

हे परम पिता!
आप महाचुम्बक हो,
मुझे लोहे का एक कण बना दो।

जनवरी 19

प्रेम उत्तेजित होकर भी
दुखी नहीं होता।
प्रेम सदा
धैर्यवान, क्षमाशील, वफ़ादार व
आस्थावान और
बिना किसी इच्छा के,
सदा दानशील रहता है।

जनवरी 20

परिस्थितियाँ सदा अच्छी होती हैं,
बुरी नहीं। केवल हमें उनका
सदुपयोग करना आना चहिये।
यदि मनुष्य परिस्थितियों के
सुधरने की प्रतीक्षा करेगा,
तो अनन्त काल तक
प्रतीक्षा ही करेगा।

जनवरी 21

अपना हास्य-विनोद दूसरों को प्रसन्न करने के लिये कीजिये, दुखी करने के लिये नहीं।

जनवरी 22

ज्ञान व समझ
दो भिन्न वस्तुएँ हैं।
समझ के बिना ज्ञान खोखला है।

जनवरी 23

इस संसार में
तीन प्रकार के लोग हैं:

1. एक इतना सघन व स्थूल प्रकृति का है कि ईश्वर प्रेम उसमें कभी नहीं झलकता।
2. दूसरा जो अर्धपारदर्शक है जिसमें से प्रभु प्रेम झलकता है, पर मध्यम सा।
3. तीसरा पारदर्शक है जिससे प्रभु-प्रेम सदा चमकता रहता है।

जनवरी 24

यह बात महत्त्वपूर्ण है
कि आपकी मृत्यु कैसे होगी।
किन्तु, उससे भी अधिक महत्त्वपूर्ण
बात यह है कि आप जीते कैसे हैं!

जनवरी 25

प्रभु के आशीर्वादों की गणना करो, तो जीवन में कोई कमी नहीं होगी।

जनवरी 26

परीक्षा व कष्ट,
ख़तरे व मुश्किलें,
सच्ची मित्रता की कसौटी हैं।

जनवरी 27

आप कभी भी इतने
बूढ़े नहीं होते कि
प्रेम न कर सकें और
प्रेम करते ही अचानक
आप जवान हो जाते हैं।

जनवरी 28

दुर्बल मनुष्य के लिये, समस्याएँ राह के रोड़े हैं। सबल के लिये वे पत्थर की सीढ़ी हैं आगे बढ़ने के लिये।

जनवरी 29

सही काम के लिये लोगों
की सराहना करके आप
उन्हें विकास के लिये
प्रेरित करते हैं।
सराहना जीवन की
सच्ची रसायन विद्या है।

जनवरी 30

यदि हम सही तरीके से लें
तो विपत्तियाँ प्रभुदत्त कृपा हैं,
वे छुरी की तरह हैं,
यदि हम धार की तरफ से पकड़ें
तो हाथ कटेगा और
यदि हत्थी की तरफ से तो
सब्ज़ी काटने के काम आयेगी।
यह हम पर निर्भर करता है
कि हम उसे धार की तरफ से
पकड़ते हैं या हत्थी की ओर से।

जनवरी 31

फरवरी

उस मनुष्य पर प्रभु की अपार
कृपा है, जिसका आदर्श है सत्य, ध्येय
है सुन्दरता, उद्देश्य है ज्ञान,
धर्म है सेवा और
प्रेम है उसकी पूर्णता।

फरवरी 1

यह बात मुझे हमेशा याद रखनी चहिये कि प्रत्येक विचार जो मैं सोचता हूँ, प्रत्येक शब्द जिसका मैं उच्चारण करता हूँ, प्रत्येक क्रिया जो मैं करता हूँ, मुझमें उत्पन्न प्रत्येक भाव व आवेश, प्रकृति की यादाश्त में अंकित हो जाते हैं। अपने आसपास वालों को शायद मैं धोखा दे सकता हूँ, अपने आप को भी धोखा दे सकता हूँ, किन्तु प्रकृति को धोखा नहीं दे सकता।

फरवरी 2

मनुष्य को अपनी भावनाओं
को वश में करना चाहिये।
फिर उसकी जिह्वा व आँखें,
उसके कान व नाक आराम से
उसके वश में आ जायेंगे।

फरवरी 3

अपने भीतर सत्य का तत्त्व जागृत कीजिये। प्रभु हर हाल व हर परिस्थिति में आपका मार्गदर्शन करेंगे। आपको किसी और निर्देश की आवश्यकता नहीं होगी।

फरवरी 4

आध्यात्मिक पथ पर पहला कदम है, – अपने आप को परखना, अपनी गलतियों को सुधारना और सब के प्रति प्रेम, शान्ति और आनन्द के भाव अभिव्यक्त करना।

फरवरी 5

भय से प्रेरित प्रार्थना
असली प्रार्थना नहीं है।
प्रार्थना का मतलब है
अपने आप को परमात्मा से जोड़ना।
प्रार्थना हमें उस अनंत तत्त्व
के साथ जोड़ती है,
जो हम सब के भीतर है।
प्रार्थना से दिल का द्वार खुलता है,
ताकि दिव्य प्रकाश अन्दर आ सके।

फरवरी 6

क्षमाशीलता की भावना के साथ भूतकाल में हमारे साथ हुए अनुचित व्यवहारों में विचरण करने के स्थान पर उन सब को भूल जायें और वर्तमान में जीयें।

फरवरी 7

हमारे जीवन का उद्देश्य है
इस बात को समझना कि
हम अमर तत्त्व हैं।
ऊपर से ओढ़ा हुआ शरीर नहीं।

फरवरी 8

दुनिया का सबसे दूरतर
स्थान कौन सा है?
जो घंटा अभी-अभी गुज़रा है।

फरवरी 9

आप जो कुछ भी करें,
भरसक उत्तम रीति से करें।
यह आपका भगवान के
प्रति समपर्ण है।

फरवरी 10

अपना कर्त्तव्य पूरा करना,
अपने चरित्र निर्माण करने का
सर्वोत्तम तरीका है।

फरवरी 11

तीन प्रकार के लोग होते हैं।

1. नासमझ
2. अर्ध समझदार
3. बुद्धिमान

नासमझ दूसरों में दोष देखते हैं।
अर्ध समझदार अपने को दोषी
मानते हैं। बुद्धिमान किसी में
दोष नहीं देखते। न दूसरों में
न अपने में, वे जीवन-धारा को
वैसे ही स्वीकार करते हैं,
जैसे वह बह रही है।

फरवरी 12

भलाई की कोई सीमा नहीं। अपने क्षेत्र में शायद आप सब से अच्छे होंगे। किन्तु निश्चित रूप से कई लोग आपसे बढ़कर इतने अच्छे होंगे कि आप उसकी आशा भी नहीं कर सकते।

फरवरी 13

ज़रूरतमंदों की सेवा करना,
मानों इस शरीर रूपी भवन का
हम किराया दे रहे हैं।

फरवरी 14

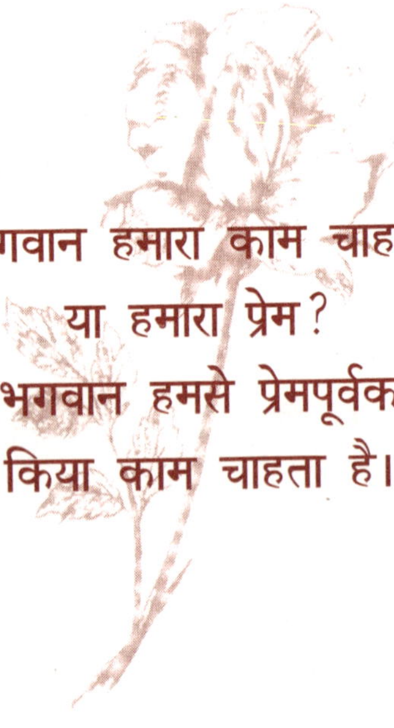

भगवान हमारा काम चाहता है?
या हमारा प्रेम?
भगवान हमसे प्रेमपूर्वक
किया काम चाहता है।

फरवरी 15

यदि आप भगवान को
जानना व समझना चाहते हैं तो
उससे अधिक से अधिक
प्रेम करना होगा। जितना
अधिक से अधिक प्रेम करोगे,
उतना ही उसे जानोगे।
प्रेम ज्ञान की कुंजी है।

फरवरी 16

हमें यह कभी नहीं भूलना
चाहिये कि निश्चिन्त जीवन
जीने के लिये हमें प्रभु के साथ
कदम बढ़ाना चाहिये,
और कल के लिये उस पर
विश्वास होना चाहिये।

फरवरी 17

आप भरपेट खा भी लें और
बचा भी रखें,
ऐसा होना मुश्किल है।
किन्तु एक वस्तु ऐसी भी है
जिसके दे देने पर भी वह
आपके पास रह जाती है।
वह है आपकी मुस्कान! क्यों न
"सहस्त्रों मुस्कानों" के स्वामी बनें।

फरवरी 18

वह मनुष्य कितना अभागा है
जिसे भगवान को
मिलने की तीव्र
अभिलाषा या लगन नहीं!

फरवरी 19

"हे भगवान!
तेरी इच्छा पूर्ण हो।"
इस समर्पण की
भावना में सदा
बढ़ोत्तरी होनी चाहिये।

फरवरी 20

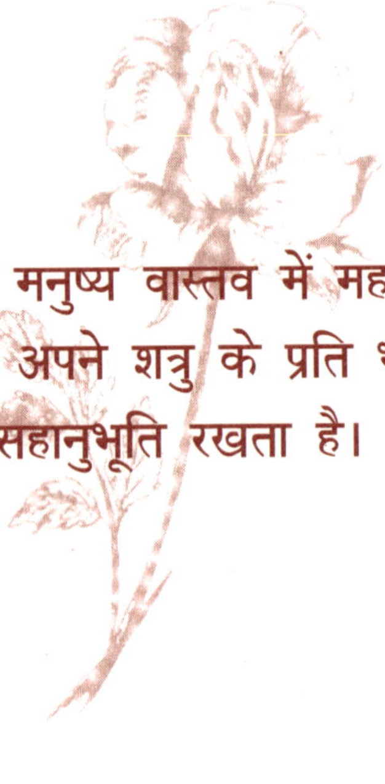

वह मनुष्य वास्तव में महान है
जो अपने शत्रु के प्रति भी
सहानुभूति रखता है।

फरवरी 21

प्रेम और नुक्स निकालना
साथ-साथ नहीं चलते।
जितना आप किसी को प्यार
करोगे उतना उसे कम परखोगे।

फरवरी 22

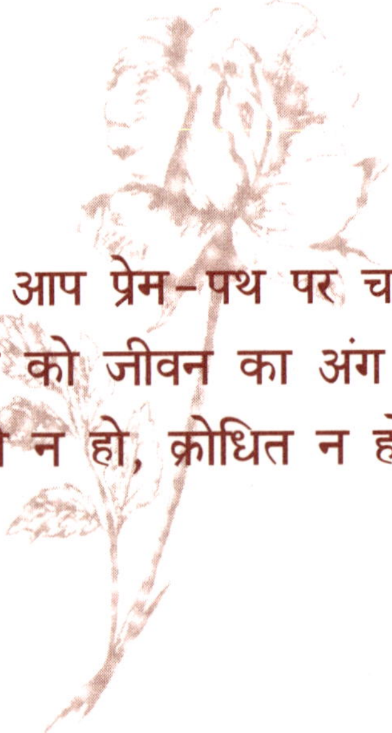

यदि आप प्रेम-पथ पर चलते हो
तो पीड़ा को जीवन का अंग मानो,
दुखी न हो, क्रोधित न हो।

फरवरी 23

आनन्द की प्राप्ति करने के लिये मनुष्य सांसारिक सुखों की छाया, संग्रह व सत्ता पाने के पीछे दौड़ता है। आनन्द तो प्रेम करने व प्रेम पाने में है।

फरवरी 24

एक बार एक युवती मुझसे बोली,
"जीवन निरर्थक है।"
मैंने उसे कहा,
"अपने हृदय को प्रेम से
सींच दो और जीवन का
अर्थ उमड़ पड़ेगा!"

फरवरी 25

सारी लालसा अन्धकार है,
प्रेम ही असली प्रकाश है।

फरवरी 26

यदि आपके हर
मधुर व प्रेमपूर्वक बोले गए
शब्द का आपको एक रुपया दिया
जाये और हर कर्कश व कटु शब्दों
का उससे आधा आप से ले लिया
जाये, तो पूरे दिन में आपकी कुल
कितनी कमाई होगी?

फरवरी 27

निराश होने पर
कटुता नहीं आनी चाहिये,
कटुता भावात्मक
असंतुलन की निशानी है।

फरवरी 28

ज्ञान से मनुष्य अंहकारी हो जाता है; और प्रेम से विनम्र। जब ज्ञान व प्रेम का संगम होता है, तो मनुष्य फ़रिश्तों की तरह प्रकाशमान हो जाता है। उसका जीवन आभावान हो उठता है।

फरवरी 29

मार्च

आज का दिन
अधिक से अधिक लोगों से,
अधिक से अधिक तरीकों से,
अधिक से अधिक मौकों पर
अधिकतम परोपकार करें।

मार्च 1

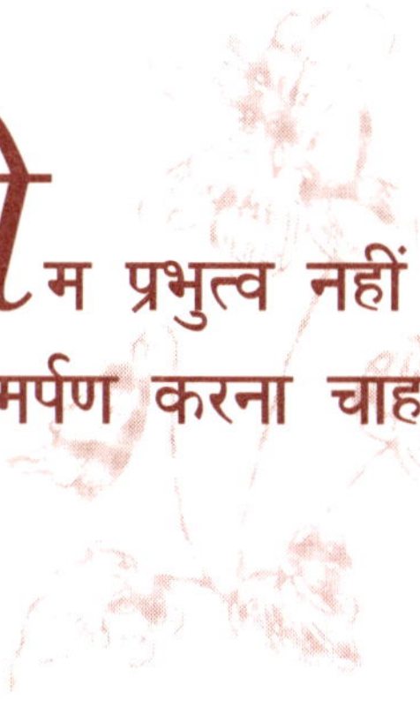

प्रेम प्रभुत्व नहीं चाहता,
समर्पण करना चाहता है।

मार्च 2

सच्चे मित्र के तीन चिह्न हैं।

1. यदि वह आपको गलत मार्ग पर चलते देखे तो, आपको सही मार्ग दिखायेगा।
2. वह आपकी चापलूसी न कर, आपकी नाराज़गी का जोख़िम उठा कर भी आपको सच्चाई बतायेगा।
3. जब आप कष्ट या मुसीबत में होंगे तो आपकी मदद के लिये दौड़ा चला आयेगा।

मार्च 3

प्रभु का प्रेम सूरज से अधिक प्रकाशमान, चाँद से अधिक शीतल, मधु से अधिक मधुर व कस्तूरी से अधिक सुगन्धमय है।

मार्च 4

यदि आप स्वंय प्रसन्न रहना चाहते हैं तो दूसरों को प्रसन्न करें। आपके द्वारा दी गई प्रसन्नता वापिस आपको मिलेगी। यही नियम है। इसलिए कम से कम एक शुभ कार्य अवश्य कीजिये। आज भी और प्रतिदिन भी।

मार्च 5

समय ईश्वर की देन है,
जो कि हमें उधार दिया गया है।
हमें चाहिये कि प्रत्येक पल,
प्रत्येक क्षण हम
उत्तम तरीके से बितायें।

मार्च 6

यदि हृदय में प्रेम है,
तो मनुष्य किसी को चोट नहीं
पहुँचा सकता।

मार्च 7

स्वयं के प्रेम में न पड़ें
तो प्रभु से प्रेम होने लगेगा।
आत्मकेन्द्रित न बनें,
सब तुम्हें प्रेम करने लगेंगे।

मार्च 8

हर कोई प्रेम पाना चाहता है।
केवल कुछ भाग्यवान ही
प्रेम करना चाहते हैं।

मार्च 9

भूतकाल ख़ारिज किया हुआ चैक है। भविष्य प्रोमीसरी नोट है। वर्तमान ही केवल हमारे पास नगद है, इसे अच्छी तरह व बुद्धिमता पूर्वक खर्च करें।

मार्च 10

इन्द्रधनुष बनने के लिये
वर्षा व धूप दोनों की ज़रूरत है।
इसी प्रकार जीवन को
सुन्दर व रंगीन बनाने के लिये
सुख और दुख दोनो की
आवश्यकता है।

मार्च 11

आज संसार में सब से अधिक जिसकी आवश्यकता है वे हैं क्रियात्मक प्रेम, सहानुभूति, सेवा व बलिदान।

मार्च 12

इस असार संसार में
प्रभु-प्रेम ही सच्चा है।
वह प्रेम ही अपने भक्तों को
पार लगाता है,
कभी मझधार में नहीं छोड़ता।

मार्च 13

अरे मूर्ख! ईश्वर को उसके प्रेम के लिये धन्यवाद मत करो।

वह तो प्रेम करेगा ही।

उसे धन्यवाद इस बात

के लिये करो कि उसने

तुम्हारे हृदय में अपने प्रति

प्रेम की लौ जगाई।

इसे अधिकतम बढ़ाओ ताकि

यह तुम्हारे अहं को जला दे

और केवल ईश्वर ही रह जाये।

मार्च 14

साधना का सबसे
सीधा व सरल मार्ग कौन सा है?
ईश्वर-प्रेम का मार्ग!

मार्च 15

सदा कुछ भी नहीं रहता। वर्तमान की खुशी या ग़म का समय भी शीघ्र बीत जायेगा।

मार्च 16

मृत्यु ने एक दिन अवश्य आना है और अपने निर्धारित समय पर ही। फिर भी पूरा संसार मृत्यु से निरन्तर भयभीत रहता है।

मार्च 17

प्रेम सदा देता ही देता है,
बदले में कुछ नहीं चाहता,
इसलिये कुछ गवाँता नहीं
और उसे किसी बात
का भय नहीं।

मार्च 18

जब आपकी करुणा और सहानुभूति किसी अधम - मनुष्य, पक्षी या पशु के लिये बहती है, तो आपके हृदय पर दिव्यता का रंग चढ़ जाता है और आप कृपा के पात्र बन जाते हैं।

मार्च 19

आपस में या तो
प्रेमपूर्वक रहो
या मिट जाओ,
और कोई चारा नहीं।

मार्च 20

यदि आपके विचार हमेशा
सकारात्मक हैं, तो आप
शान्तिपूर्वक रहेंगे और
आपके आसपास का
संसार मुस्काता रहेगा।

मार्च 21

मनुष्य इतिहास की सबसे
महत्त्वपूर्ण घटना क्या है?
यह नहीं कि मनुष्य
चाँद पर उतरा, बल्कि यह कि
भगवान धरती पर उतरा।
क्या इससे बढ़कर कोई
घटना हो सकती है?

मार्च 22

यदि प्रार्थना के समय
हम सांसारिक विषयों के बारे
में सोच सकते हैं, तो सांसारिक
कार्य करते हुए हम भगवान
के बारे में क्यों नहीं
सोच सकते?

मार्च 23

यदि आप हालात या
वस्तुओं को बदलना चाहते हो,
तो पहले स्वयं को बदलो।

मार्च 24

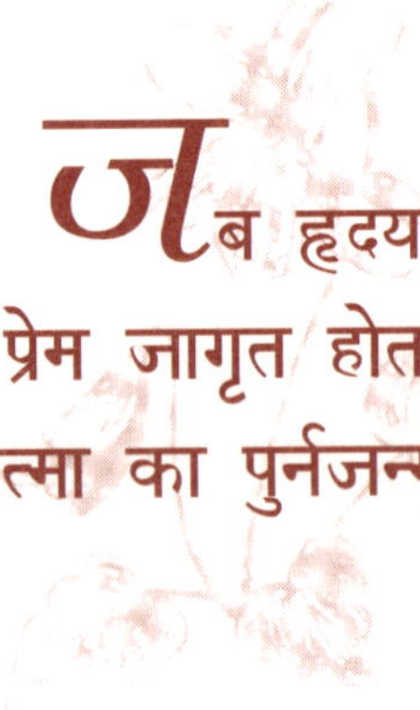

जब हृदय में
प्रेम जागृत होता है,
तो आत्मा का पुर्नजन्म होता है।

मार्च 25

क्या आप अपने जीवन की
परीक्षा व घोर कष्ट के
अंधकारमय जीवन से गुज़र रहे हैं?
क्या आपका मन उलझन में है?
क्या आपको सब मार्ग बंद
दिख रहे हैं व जाने का कोई
रास्ता नहीं सूझ रहा?
तो यह सरल प्रार्थना करें,
"प्रभु तेरी इच्छा पूर्ण हो"
और आपको मार्ग मिल जायेगा।

मार्च 26

जो मनुष्य प्रेम करता व
प्रेम पाता है,
उसके लिये हमेशा
शीतकाल बंसत ऋतु है
और यह संसार
ईश्वर का उपवन।

मार्च 27

चिन्ता झूलने वाली कुर्सी है।
आपको व्यस्त तो रखती है
पर आप पहुँचते कहीं नहीं।

मार्च 28

हे भगवान! मुझे जीवन रूपी खेल के नियमों का पालन करना सिखाओ।
मैं हास्य-विनोद करना न भूलूं और जब अत्यंत कठिन हो, तब भी अपनी ज़बान पर काबू पा सकूं।

मार्च 29

मित्र साथ छोड़ सकते हैं
और संबधी हमें अस्वीकार
कर सकते हैं - किंतु एक है
जो हमें सदा प्यार करता है
और वह है ईश्वर।
अपने जीवन का
आधार प्रभु प्रेम बना दो।

मार्च 30

रीति-रिवाज की कोई आवश्यकता नहीं। जाति व क्रिया कर्मों की आवश्यकता नहीं आसन व प्राणायाम भी नहीं चाहिये। आवश्यकता है कि हम अपने हृदय को भगवान के समक्ष खोल दें। वह हमसे दूर नहीं।

मार्च 31

अप्रैल

मैं संसार को अपनी योग्यता
का सर्वश्रेष्ठ दूँ।
और मुझे सर्वश्रेष्ठ ही प्राप्त होगा।

अप्रैल 1

यह कैसे हो सकता है कि हम भगवान को प्यार करें और उसके बच्चों को नहीं। हर प्राणी जो सांस लेता है, भगवान का बालक है।

अप्रैल 2

जब आप को लगे कि आपकी दूसरों के साथ नहीं बनती तो उनको दोष न दें। अपने में दोष ढूंढें।

अप्रैल 3

भगवान को पाने का मार्ग है समर्पण का मार्ग। सब कुछ उस पर छोड़ दें। भगवान के सिवाय कुछ न रहे। तब आपको किसी बात की उत्कंठा न रहेगी। अपनी आध्यात्मिक उन्नति के बारे में भी नहीं।

आप शून्य हैं, केवल ईश्वर है।

अप्रैल 4

प्रेम करने का अर्थ है
विनम्र होना।
विनीत लोगों पर
प्रभु-कृपा होती है,
क्योंकि उन्हें प्रेम करने की
सीख मिलती है।

अप्रैल 5

समय चलता नहीं,
स्थिर रहता है।
केवल हम चलते जाते हैं;
इसीलिये हम बूढ़े हो जाते हैं,
समय हमेशा जवान रहता है।

अप्रैल 6

हम जिसे प्रेम करते हैं,
स्वयं भी वैसे बन जाते हैं।
यदि हम संसार को
इसके सुखों को,
वस्तुओं को व सत्ता को प्यार
करते हैं तो हम सांसारिक
बन जाते हैं। यदि हम
भगवान को प्यार करते हैं
तो हम दिव्य बन जाते हैं।

अप्रैल 7

खुशी बांटोगे तो बढ़ेगी,
वरना इसे गंवा दोगे।

अप्रैल 8

यह सब भगवान की लीला है और मैं इसका आनन्द ले रहा हूँ। (दादा द्वारा कहे शब्द, जब वे हृदय के ऑप्रेशन के लिये जा रहे थे।)

अप्रैल 9

हे भगवान!

आप मेरे आसपास रहें,
आप की बुद्धि मुझे मार्ग दिखाये,
आपकी शक्ति मुझे संभाले रहे।
आपकी प्रेरणा मुझे उन्नत करे।
आपका जीवनदायी आनन्द
मेरे हृदय में भर जाये।

अप्रैल 10

हम वह नहीं जहाँ हम रहते हैं,
बल्कि वह जहाँ हमारा प्यार है।

अप्रैल 11

जिस मनुष्य ने कभी
ठोकर नहीं खाई,
यानि उसने ऊपर चढ़ने की
कोशिश ही नहीं की।
कभी न चढ़ने से बेहतर है
कि मनुष्य चढ़े व गिरे।

अप्रैल 12

प्रेम भगवान का एक
विशेषण या गुण नहीं,
भगवान स्वयं प्रेम है।

अप्रैल 13

प्रभु के चरण कमलों में प्रेम,
आनन्द व शान्ति का निवास है।
उसकी प्रेम-पूर्वक उपस्थिति में
रोग व कष्टों का नाश हो जाता है।

अप्रैल 14

वह दिन व्यर्थ हो गया।
जिस दिन हमने किसी के लिये
कुछ नहीं किया।
"क्या मैं आपके लिये
कुछ कर सकता हूँ"
ऐसे शब्द हमारे
होठों पर रहने चाहिये।

अप्रैल 15

खुश रहने के लिये हमें बहुत
सी चीज़ों को भूलना पड़ेगा।
हमें भूलने की कला
सीखनी चाहिये।

अप्रैल 16

अपने आप को और अपना
सब कुछ प्रभु को अर्पण कर दो।
वह सब की सुरक्षा करेगा।

अप्रैल 17

एक आध्यात्मिक साधक के लिये सब से ज़रूरी है कि वह प्रभु-प्रेम का विकास करे यदि आप प्रभु को प्रेम करते हो तो उसके पीड़ित बच्चों को प्रेम किये बिना रह ही नहीं सकोगे।

अप्रैल 18

समय पर काम आने वाला ही
सच्चा मित्र होता है।
एक मित्र जो आवश्यकता
के समय सदा काम आता है,
वह ईश्वर है!
उससे मित्रता करें।
उसे प्यार करें, स्वयं को नहीं।

अप्रैल 19

जब तक प्रेम क्रियात्मक रूप
में प्रकट न हो, तब तक प्रेम,
प्रेम नहीं होगा। क्रियात्मक रूप
में प्रेम का नाम है
सेवा व बलिदान।

अप्रैल 20

प्रत्येक दिन कम से कम तीन लोगों की उचित प्रशंसा अवश्य कीजिये। यह आज से ही शुरू कर दें।

अप्रैल 21

कहा जाता है कि ईश्वर प्रेम है,
किन्तु वास्तव में प्रेम ईश्वर है।
यदि आप परम तत्त्व को प्राप्त
करना चाहते हैं,
तो अपने जीवन को प्रेम की
एक अनन्त, अपार नदी
की तरह बहने दें।

अप्रैल 22

हम कहते हैं कि हमें भगवान
को पाने की उत्कंठा है,
किन्तु यह भूल जाते हैं कि
भगवान की उत्कंठा हमारे लिये
कहीं अधिक है।

अप्रैल 23

आनन्द से बढ़कर एक और आनन्द भी है और वह उसे ही प्राप्त होता है जो स्वयं को भूल कर दूसरों को आनन्दित करता है।

अप्रैल 24

बेकार न बैठें अपनी योग्यता के
अनुसार सर्वश्रेष्ठ कार्य करें।
उसके बाद जो हो, उसे स्वीकार
करें। पूर्णता व शान्ति को
पाने का यही मार्ग है।

अप्रैल 25

अपना कर्त्तव्य उत्तम रीति से
निभायें, आखिरकार
आप पूर्णता पर पहुँच जायेंगे।

अप्रैल 26

संतोष का रहस्य क्या है?
यह आस्था कि जो होता है,
हमारे भले के लिये होता है।

अप्रैल 27

यदि आपके विचारों में
कोई पाप नहीं,
तो आप ईश्वर हो गये।

अप्रैल 28

प्रत्येक सप्ताह हमारे पास
10,080 मिनट लाता है।
यह हमारा मूलधन है।
इसका अधिक से अधिक
लाभ उठाने के लिये इसे
कैसे खर्च करना चाहिये?

अप्रैल 29

अच्छा है कि हमें बहुत सी
बातों का ज्ञान हो।
किंतु उससे बेहतर होगा कि
अपने थोड़े-बहुत ज्ञान का
हम उत्तम प्रयोग करें।

अप्रैल 30

मई

प्रत्येक मनुष्य कुछ न कुछ काम करता है। किंतु ऐसे बहुत कम हैं, जो अपने काम को भरसक उत्तम तरीके से करते हैं और वे ही सफल होते हैं।

मई 1

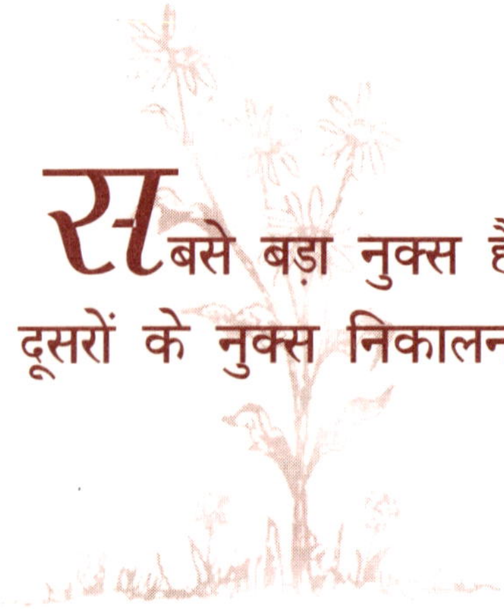

सबसे बड़ा नुक्स है,
दूसरों के नुक्स निकालना।

मई 2

जो निष्ठा रखता है,
वह सातगुना अधिक
शक्तिशाली होता है।
सफलता का सबसे
पहला नियम है,
निष्ठावान बनो और
सफलता प्राप्त करो।

मई 3

मेरे मित्र! यदि तुम्हें अपना
“अहम्” प्यारा है,
तो प्रेम के प्रेदश में
प्रवेश मत करो।

मई 4

हमें कभी हार नहीं माननी चाहिये, बेशक समय कठिन हो, हमें प्रयत्न करते रहना चाहिये।

मई 5

जीत विचारों की होती है।
अपनी सोच को बदलने से
आपका जीवन बदल जाता है।

मई 6

चिन्ता झूले के समान है।
यह गतिशील तो रखता है
पर पहुँचता कहीं नहीं।

मई 7

अपना उद्देश्य निश्चित कीजिये
और प्रत्येक दिन उस तक
पहुँचने के लिये भरसक
प्रयत्न कीजिये।

मई 8

रेडियो से संगीत सुनने के लिये
उसे 'ट्यून'-सुर मिलाना पड़ता है।
जीवन संगीत का आनन्द
उठाने के लिये भी सुर मिलाना
पड़ता है। अफ़सोस कि
हम भगवान के साथ
सुर में सुर नहीं मिला पाते
और परिणाम स्वरूप हम में से
बहुतों का जीवन सुरीला व तालबद्ध
होने के स्थान पर कर्कश व बेताला
शोर हो कर रह गया है।

मई 9

दूसरों से बेहतर होने से मनुष्य सर्वश्रेष्ठ नहीं हो जाता है। वास्तव में श्रेष्ठ मनुष्य वही है जो आज, कल से बेहतर है।

मई 10

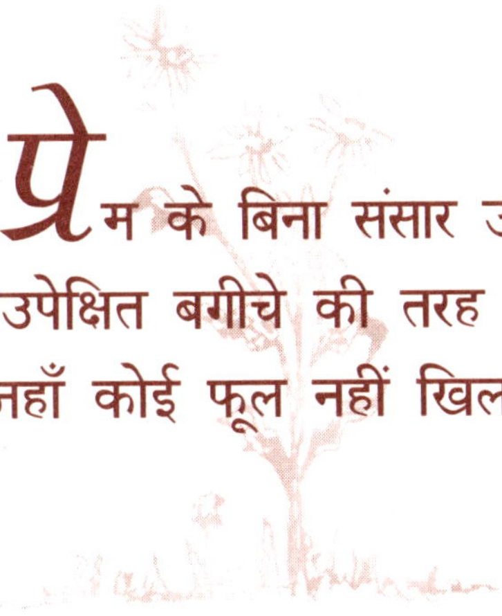

प्रेम के बिना संसार उस
उपेक्षित बगीचे की तरह है,
जहाँ कोई फूल नहीं खिलता।

मई 11

सबके प्रति संवेदनशील रहिये।
क्या पता आपको अगला मिलने
वाला मनुष्य दुख का मारा हो।

मई 12

प्रत्येक दिन अपने साथ
असीमित अवसर ले कर आता है।
पुराने (बीते कल) को जाने
दो नये (आज) को आने दो।

मई 13

जिस मनुष्य ने अपनी इच्छा शक्ति को विकसित कर लिया है, वह प्रगति करता है। और यदि उसमें निष्ठा भी है, तो कोई शक्ति उसे गिरा नहीं सकती।

मई 14

यह संसार एक परिवर्तनशील
नाटक है। अभी था,
अभी नहीं! केवल
ईश्वर ही जीवन की सच्चाई है।
उसी पर जीवन का आधार रखो,
संसार पर नहीं, क्योंकि इस संसार
में अचल कुछ नहीं रह सकता।

मई 15

जीवन से डरो नहीं बल्कि
ऐसा मानों कि सब प्रकार के
अनुभव आपकी भलाई के लिये हैं।
आस्था और निष्ठा से ही
आप ध्येय को प्राप्त करेंगे।

मई 16

क्या आप अवसाद में डूबे हैं? सदा याद रखें कि आपके भीतर ही शक्ति विद्यमान है। यदि आप उसका एक छोटा सा अंश भी प्रयोग करें, तो आप असंभव को संभव कर सकते हैं।

मई 17

प्रत्येक समस्या एक चुनौती है। इससे दूर भागने का प्रयत्न न करें, साहस व आस्था से इसका सामना करें और सीना तान कर चलें।

मई 18

दो प्रकार के मनुष्य होते हैं। एक वे जिन्हें हरेक जगह समस्या ही समस्या दिखती है। दूसरे वे, जो प्रत्येक समस्या में एक अवसर देखते हैं।

मई 19

आप धार्मिक हैं, यह आपके शब्दों से नहीं, आपकी जीवन शैली से प्रकट होना चाहिये।
हमारा जीवन सादगी व सहानुभूति, नम्रता व प्रेम, सेवा, निराभिमानिता व आत्म साक्षात्कार से ओत-प्रोत होना चाहिये।

मई 20

उस व्यक्ति पर प्रभु की
अपार कृपा है, जिसे तूफानों में
इन्द्रधनुष दिखता है।
ऐसा व्यक्ति कभी साहस
नहीं गवाँता।

मई 21

ऐसा शिक्षक जो अपने प्रत्येक शिष्य पर मुस्कान बिखेर सकता है और प्रत्येक शिष्य को प्रेम से अभिवादन कर सकता है - वह चमत्कार करके दिखा सकता है।

मई 22

एक मनुष्य की पहचान इस बात
से होती है कि उसके
आमोद-प्रमोद क्या हैं।

मई 23

सांसारिक बातों से
मुक्ति का मार्ग ही
शान्ति व आनन्द का मार्ग है।
लौकिक लोगों व वस्तुओं से
मुक्ति पा कर
भगवान की शरण लें।

मई 24

लोगों के बाहरी रूप पर मत
निर्णय लें। उनके दिलों की
गहराई में झाँकें।

मई 25

मनुष्य अपनी आस्था व निष्ठा के बल पर जीवन यापन करता है। तर्क-वितर्क के सहारे नहीं।

मई 26

आज एक
दृढ़-संकल्प कीजिये
और उस का पालन कीजिये।

मई 27

कष्ट जीवन का अभिन्न अंग है। किन्तु कष्ट के कारण दुखी होना या न होना आपके हाथ है।

मई 28

अपनी मर्ज़ी के बिना कोई भी
अपने से घृणा करने के लिये
आपको मजबूर नहीं कर सकता।

मई 29

अपने विचारों के स्वयं स्वामी बनें। विचारों व कल्पनाओं को अपने ऊपर स्वामित्व न होने दें।

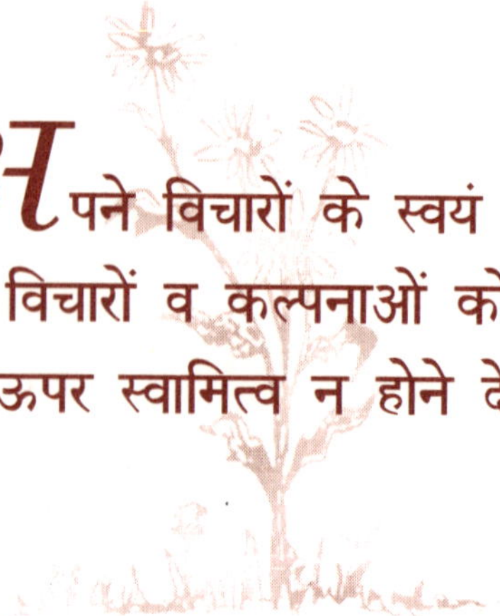

मई 30

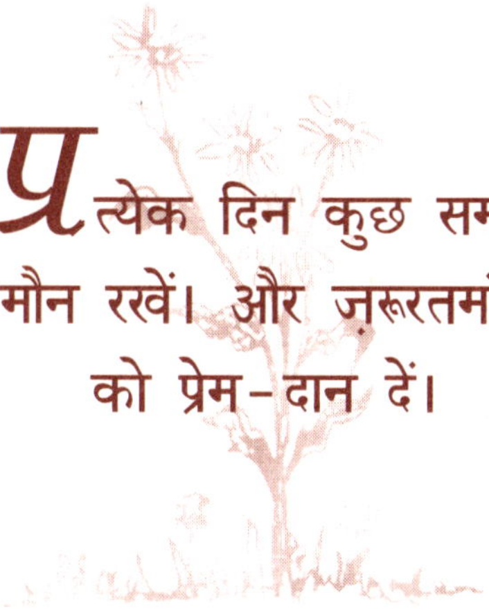

प्रत्येक दिन कुछ समय मौन रखें। और ज़रूरतमंदों को प्रेम-दान दें।

मई 31

जून

कितनी बार
मैं क्षमा करता रहूँ?
क्षमा करते करते मैं थक गया हूँ।
उतनी बार क्षमा करो
जितनी बार तुम प्रभु से
क्षमा की आशा रखते हो।

जून 1

प्रसन्नता इस बात पर निर्भर नहीं करती कि हम पर क्या गुज़रती है, बल्कि इस बात पर कि हमारी प्रतिक्रिया क्या होती है।

जून 2

नई नई धारणायें बनाइये और
जीवन की प्रयोगशाला में उसे
प्रमाणित करके दिखाइये।

जून 3

चाहे कैसा भी समय आये
अपना धैर्य, साहस व
आस्था न खोयें।

जून 4

हे प्रभु! मुझे अपना सेवक नहीं, गुलाम बनाना। स्वामी की इच्छा गुलाम के लिये आदेश है।

जून 5

अपनी धारणाओं व कल्पनाओं पर नियंत्रण रखो। उनमें चुम्बकीय शक्ति है। आपकी आज की कल्पना आपका भविष्य निश्चित करती है।

जून 6

हमारा चरित्र इस बात से प्रकट होता है कि हम उस समय क्या करते हैं, जब हम यह जानते हैं कि हमें कोई नहीं देख रहा।

जून 7

पवित्र विवेक ही सबसे बड़ी नींद की गोली है।

जून 8

अपने प्रिय को प्रसन्नता देना ही प्यार की प्रसन्नता की चरम सीमा है।

जून 9

बाँटने से खुशी बढ़ती है।

जून 10

ज्ञान बोलता है,
बुद्धि सुनती है।

जून 11

यदि आप शक्ति का विकास करना चाहते हैं तो 'न' कहना सीखिये। प्रलोभन के वश में न आएं।

जून 12

यदि आप सही समय के आने की प्रतीक्षा में रहेंगे, तो वह कभी नहीं आयेगा। आप जहाँ हैं, जैसे हैं, वहीं से आरम्भ कर दीजिये। जो आदमी हालात के बेहतर होने की प्रतीक्षा करता है, वह अनन्त काल तक प्रतीक्षा ही करता है।

जून 13

जिस अनुपात से हम दूसरों को समझते हैं, उसी अनुपात से हमारा जीवन मधुर हो जाता है।

जून 14

हम अपना बोझ हल्का करने
के लिये प्रार्थना न करें,
बल्कि मज़बूत कंधों
के लिये प्रार्थना करें।

जून 15

जीवन में सुरताल
बिठाने का रहस्य है -
दूसरे मनुष्य का मान करें
और ग़ैर ज़रूरी बातों में न पड़ें।

जून 16

केवल बलशाली ही क्षमा करना जानता है। कोई चोट ऐसी नहीं जिसके लिये क्षमा न किया जाये। कोई गलती ऐसी नहीं, जिसे क्षमा न किया जाये। आप कितने क्षमाशील हैं?

जून 17

भगवान जब
एक द्वार बन्द करता है,
उससे पहले ही
दूसरा द्वार खोल देता है।
उसे ढूंढ़ो।

जून 18

इच्छा व शान्ति इकट्ठे नहीं रह सकते, जैसे प्रकाश व अन्धकार एक साथ नहीं रह सकते। यदि अनन्त शान्ति चाहते हो, तो इच्छा व कामना पर विजय पाएँ।

जून 19

हमारी असली सम्पत्ति यह नहीं
कि हमारे पास क्या है,
बल्कि यह कि हम क्या हैं!

जून 20

असली आनन्द उठाने के लिये
रूप से दूसरों को अधिक दया
दिखा कर उन्हें
आश्चर्य देना चाहिये।

जून 21

प्रत्येक क्षण अमूल्य है।
एक क्षण भी नष्ट करना मानो
मानवता के हृदय को
चोट पहुँचाना है।

जून 22

आध्यात्मिक मामलों में तर्क मत कीजिये, बल्कि दूसरों के अनुभवों से सीख लीजिये। उपनिषद् के ये शब्द कितने सारगर्मित हैं "एक जन्में के साथ तर्क न करें"

जून 23

हम कितनी वस्तुओं को आज़मा चुके हैं, भगवान को कब आज़माएँगे?

जून 24

सबसे अधिक वह दिन
बेकार गया जिस दिन हमने
किसी ज़रूरतमंद
की मदद नहीं की।

जून 25

हम अपने मित्रों की बड़े पैमाने पर मदद करना चाहते हैं और ऐसे मौके बहुत कम आते हैं। आइये हम प्रतिदिन छोटे-मोटे सेवाकार्य करें और यह सत्कार्य व्यर्थ नहीं जायेगा।

जून 26

कोई भी वस्तु पूर्णतया हमारी
नहीं है। प्रत्येक वस्तु हमें
केवल प्रयोग के लिये दी गई है।
अतएव हमें चाहिये कि हमें जो कुछ
मिला है उसे आसपास के
संसार में बांटें,
और असली आनंद उठाएँ।

जून 27

मनुष्य की इच्छायें व कामनाएँ जितनी कम होती जायेंगी, उसी अनुपात से वह सम्पन्न होता जायेगा।

जून 28

चरित्र व सफ़लता साथ साथ नहीं चल पाते। दोनों में से चरित्र ही बेहतर है।

जून 29

यहाँ वहाँ क्यों भटकते हो?
सत्य तो तुम्हारे अंदर है।

जून 30

जुलाई

आस्था व अंसभव ये दो शब्द
कभी साथ साथ नहीं जाते।

जुलाई 1

हम सब महान वैज्ञानिक कलाकार
व शिक्षक नहीं हो सकते।
किन्तु हम सब अपने इर्द-गिर्द
के लोगों के लिए आशीर्वाद
तो बन सकते हैं।

जुलाई 2

जो पूछने से डरता है,
वह कभी कुछ सीख नहीं सकता।

जुलाई 3

इच्छा पूर्ण होना सफ़लता है,
और इच्छायें बढ़ती ही जाती हैं।
असली खुशी को पाने के लिये
प्रभु के वरदानों की गणना करो।

जुलाई 4

प्रत्येक अच्छी वस्तु भगवान का
दिया उपहार है, तो हमें
अहंकार किस बात का?

जुलाई 5

मैं प्रत्येक वस्तु को ऐसे देखूँ,
जैसे कि अन्तिम बार देख रहा हूँ
और मेरे इर्द-गिर्द का संसार
मुस्करा उठेगा।

जुलाई 6

करो - केवल करने के बारे में बोलते ही न रहो।

जुलाई 7

ओ मेरी आत्मा! जैसे लकड़ी
का लट्ठा नदी के हवाले हो
जाता है और नदी उसे बहा कर
दूसरे किनारे ले जाती है,
उसी प्रकार तू अपने आपको
प्रभु के हवाले कर दे,
वह स्वयं तुझे पार करा देगा,
चाहे तुम पर पापों का कितना
भी बोझ क्यों न हो।

जुलाई 8

बुद्धिमान मनुष्य जटिल वस्तुओं को सरल कर देता है और मूर्ख मनुष्य सरल वस्तुओं को जटिल कर देता है।

जुलाई 9

जितना थोड़ा सा काम हम कर सकते हैं हमें करना चाहिये। यदि हम इसीलिये न करें कि यह बहुत थोड़ा है तो हम संसार को उस काम से वंचित करते हैं।

जुलाई 10

अपना मंदिर स्वयं बनाएँ तो
आप प्रसन्न रहेंगे फिर चाहे
आप जेल में ही क्यों न हों।

जुलाई 11

यदि किसी ने धीरज धरना नहीं सीखा, तो समझो कि उसने बहुत कम सीखा है।

जुलाई 12

यदि आप सफ़लता प्राप्त करना चाहते हैं, तो एक लक्ष्य निश्चित कीजिये और प्रत्येक दिन उस ओर कम से कम एक कदम अवश्य बढ़ाइये।

जुलाई 13

न किसी का आकलन करें,
न किसी को दोषी ठहरायें।
केवल अपने दोषों व दुर्बलताओं
को दोषी ठहरायें। किन्तु अधीरता
व अवसाद के बिना।

जुलाई 14

आस्था या श्रद्धा जीवन का श्रेष्ठ गुण है, इसके बिना हम पूर्ण जीवन नहीं जी सकते।

जुलाई 15

वह दिन कब उगेगा जब मेरा मन सब कुछ बिसार कर पूर्णतया तुझमें मगन हो जायेगा? अपने प्रिय "कृष्णा! कृष्णा! राधा! राधा!" का जाप करते हुए मेरे नेत्रों से मिलन की लालसा व प्रेम के अश्रु कब बहेंगे?

जुलाई 16

जब तक आप का
स्वयं पर नियंत्रण नहीं,
आप मुक्त नहीं हो सकते।

जुलाई 17

हे प्रभु! मुझ पर ऐसी कृपा
करो कि मैं अपने,
बिना सोचे समझे शब्दों से
या अपने स्वार्थी कर्मों द्वारा
किसी को चोट न पहुँचाऊँ।
अपने आसपास वालों के
प्रति व उनकी आवश्यकताओं
की उपेक्षा न करूँ।

जुलाई 18

गुरु सबसे प्रेम करता है,
किन्तु जो गुरु को प्यार करता है
और स्वयं को व अपना सब कुछ
उसको समर्पण कर देता है और
दिन रात उसकी सेवा में
लगा रहता है, उच्चतम स्थिति
को प्राप्त करेगा।

जुलाई 19

एक समय ऐसा था जब मैं मीलों चलकर गुरु से मिलने जाता था। किन्तु वह दूरी कुछ फलाँग ही लगती थी।

जुलाई 20

मनुष्य अपनी उपलब्धियों के द्वारा जाना जाता है। बाकी सब तो पूर्वाभ्यास है।

जुलाई 21

क्रोध न करना
अति उत्तम है।
यदि किया जाए तो तुरन्त
समाधान करें,
तो उत्तम होगा।

जुलाई 22

एकाग्र व वश में किया हुआ मन मनुष्य का सबसे अच्छा मित्र है।

जुलाई 23

समय और भगवान की दी हुई प्रत्येक भेंट का आप पूरा पूरा सदुपयोग कीजिये। ये आपसे किसी भी समय वापिस लिये जा सकते हैं।

जुलाई 24

अपने अहँकार को पैरों तले
कुचल डालो। इसको पीस कर
चूर्ण कर दो और
हर भोजन नाश्ते,
दोपहर व रात के खाने
के साथ खाओ।

जुलाई 25

सबको प्रेम बाँटें, चाहे वे आपके साथ कुछ भी करें। जितना आप दूसरों के प्रति प्रेम उडेलेंगे, उतनी ही आपको आत्मिक शान्ति मिलेगी, क्या शान्ति जीवन का अमूल्य ख़ज़ाना नहीं?

जुलाई 26

अपनी कामनाओं के दास मत
बनो। उनके स्वामी बनो और
आप जहाँ जायेंगे,
सौभाग्य आपके साथ चलेगा।

जुलाई 27

अच्छे से अच्छे की आकांक्षा रखो - और बुरे से बुरे के लिये तैयार रहो, आप कभी निराश नहीं होंगे।

जुलाई 28

प्रेम इत्र की तरह है।
यदि हम इसे दूसरों पर छिड़केंगे
तो कुछ हम पर भी गिरेगा।

जुलाई 29

किसी गरीब आदमी से रूखा बोल कर उसे अपने घर से लौटा न दें। यदि आप ऐसा करेंगे तो वह आपके पुण्य कर्म साथ ले जायेगा और उसके पापों का बोझ आपके पास रह जायेगा। सबके प्रति दयालु रहें।

जुलाई 30

अभिमान सबसे अधिक निगलने योग्य वस्तु है। यही वह अकेली वस्तु है जिसके निगलने से गला नहीं घुटता।

जुलाई 31

अगस्त

भगवन्! लोग आपसे कई प्रकार के उपहार माँगने आते हैं। किन्तु मैं आपसे उपहार हीन होने का उपहार माँगता हूँ।

अगस्त 1

सारा संसार खुशी की खोज में है। केवल कुछ लोग ही इसका सृजन करते हैं।

अगस्त 2

क्या आप पूर्ण होना चाहते हैं?
तो अपने जीवन का प्रत्येक दिन
इस प्रकार बितायें, मानों वह आपके
जीवन का अन्तिम दिन है।

अगस्त 3

अपने हृदय को प्रभु के सामने खोल दो वे अपनी कृपा उसमें उडेल देंगे और आपके सब दाग धुल जायेंगे।

अगस्त 4

दिन को बिताने का
सही तरीका
यह है। अपने कर्त्तव्यों का
आस्था व ईमानदारी से पालन
किया जाये, भगवद्नाम का
जाप प्रेम व भक्ति से
किया जाये, और
दूसरों के दोषों को न देखा जाये।

अगस्त 5

हम में से कई भूतकाल की चिन्ता में रहते हैं और भविष्यकाल के बारे में डरे रहते हैं। अफसोस, हम वर्तमान क्षण के आनन्द से वंचित रहते हैं।

अगस्त 6

प्रभु हमसे बोलते हैं,
पर हम सुनते नहीं। पहले हमें
बाल-सुलभ दशा को पाना चाहिये,
जिसे हम गवाँ चुके हैं, फिर
हमें उसकी आवाज़ सुनाई देगी।
बाल-सुलभ प्रकृति के लोग धन्य हैं
क्योंकि वे भगवान के साथ संबध
स्थापित कर सकते हैं।

अगस्त 7

जब कोई मनुष्य किसी वस्तु या
किसी व्यक्ति को अपना समझता है,
तो वह स्वपन अवस्था में है।
वास्तव में जागृत लोग जानते हैं
कि कोई वस्तु या कोई व्यक्ति
उनका नहीं हो सकता।

अगस्त 8

कुछ ऐसी बातें हैं जिन्हें केवल आप कर सकते हैं, और कोई नहीं कर सकता। खोजें कि वे क्या हैं और कर डालिये।

अगस्त 9

सत्य कभी गलत नहीं होता। किन्तु मनुष्य ठीक या गलत ढंग से सत्य बोल सकता है। सचाई बोलने से दूसरों को मदद या चोट पहुँच सकती है। इस लिये प्रेमपूर्वक सत्य बोलो। हमारे शब्दों में सत्य व प्रेम का तालमेल होना चाहिये।

आने व जाने वाली परछाइयों
के पीछे कब तक भटकोगे?
वह दिन समीप आ रहा है
जब आप को अपना बोरिया-बिस्तर
उठा कर कूच करना पड़ेगा।

अगस्त 11

क्या आप भगवान के काम आना
चाहते हैं? पहले अपने आप को
भगवान के हवाले (अर्पण) कर दो
ताकि "अहं" समाप्त हो जाये
और फिर भगवान आपके
द्वारा काम करेगा।

अगस्त 12

पूरा दिन, प्रभु के प्रति छोटी छोटी प्रार्थनाओं से भरा होना चाहिये, धीरे धीरे प्रभु की ओर उन्मुख होने के लिए।

अगस्त 13

अपना हृदय खोलो और उसमें प्रेम भरने दो - और संसार की सब अच्छाइयाँ आप की ओर आकर्षित होंगी क्योंकि प्रेम में आकर्षण होता है। किन्तु पहले हृदय पवित्र होना चाहिये, क्योंकि केवल पवित्र व निर्मल हृदय में ही प्रेम का अमृत टिक सकता है।

अगस्त 14

दैविक इच्छा को केवल स्वीकार ही न करें बल्कि बाहें फैला कर और हाथ खोल कर उसका स्वागत करें, जैसे कि यह जन्मदिन का उपहार हो। क्या प्रत्येक दिन आपका जन्मदिन नहीं है– दैविक जीवन में नया जन्म?

अगस्त 15

भगवान में मगन होकर जियो,
भगवान के साथ जियो,
भगवान के लिये जियो और
आप कभी गलती नहीं कर सकते।

अगस्त 16

जीवन की सब दशाओं व परिस्थितियों में, सब घटनाओं व दुर्घटनाओं में अपने हौंसले को ऊँचा रखिये और कहें
"प्रभु तुझे धन्यवाद है,
प्रभु तुझे धन्यवाद है।"

अगस्त 17

गीता में श्री कृष्ण का कहना है, "आप स्वयं ही अपने मित्र हैं और स्वयं ही अपने शत्रु आपको कोई चोट नहीं पहुँचा सकता, कोई नुकसान नहीं पहुँचा सकता। इस लिये अपने मित्र बनिये। इसके लिये अपने विचारों, वृत्तियों व आदतों का ध्यान रखें।

अगस्त 18

रात को सोने से पहले
अपने आप से पूछें,
"क्या मैंने किसी सह-प्राणी को
पहले से अधिक प्रसन्न,
बुद्धिमान या उदार बनाया है?
यदि नहीं, तो आपको सोने का
अधिकार नहीं है।

अगस्त 19

जीवन कर्त्तव्य है :
इसका सामना करें
जीवन बोझ है :
इसे उठाइये
जीवन खज़ाना है :
बाँट कर खर्च करें।

अगस्त 20

वही मनुष्य सत्यवादी कहलाता है जो अपने कर्त्तव्य से मुँह न मोड़े, जीवन द्वारा दिया गया बोझ अपने कंधों पर उठाये और जीवन के उपहारों को ज़रूरतमंदों में बाँटे।

अगस्त 21

संसार में इतने दुख छिपे हैं कि
पता नहीं कब आप किसी की
दुखती रग पर हाथ रख दें।
इसलिये सब के प्रति सहृदय,
मधुर व दयालु रहें।

अगस्त 22

इन्द्रियाँ जागृत हैं, मन सचेत है,
किन्तु अफसोस हृदय सुप्त है।
हे प्रभु! मेरा हृदय जागृत करो,
दिल के द्वारा ही मैं
आप तक पहुँच पाऊँगा।

अगस्त 23

जो आपके पास है
उसे ही चाहना सीखो,
बजाय इसके कि जो चाहते हो,
उसे पाने की लालसा लगी रहे।

अगस्त 24

जैसे मंदिर घंटों के बिना,
जैसे समुद्री जहाज़ पाल के बिना,
जैसे ताला चाबी के बिना होता है।
हे प्रभु! उसी प्रकार आपके बिना
मैं हूँ। मुझे आपकी आवश्यकता है।

अगस्त 25

प्रत्येक गिरावट के बाद
उठान होता है।
इस तत्त्व को जानना ही
सच्चा ज्ञान है।

अगस्त 26

कोई एक शब्द लें
"गॉड", "हरि", "ऊँ", "राम",
"कृष्णा", "जीसस", "माँ"
और उससे जुड़ जायें।
अपने काम पर उसे साथ ले जायें,
खाली समय में उसका जाप करें,
नींद में भी उसको पकड़े रखें।
तब तक ऐसा करते रहें,
जब तक वह शब्द आपके
हृदय में चेतन होकर
आपके मौन में गाने लगे।

अगस्त 27

आनन्द का कोई स्थाई पता नहीं है। यह उनके साथ रहता है, जो दूसरों के लिये जीते हैं।

अगस्त 28

मानवता के
सच्चे प्रेमी कौन हैं?
वे, जो अपने आप को भूल कर
उन लोगों के जीवन में प्रकाश
लाते हैं जो अवसाद व उदासी की
अंधेरी कोठरी में रहते हैं।

अगस्त 29

आप तब तक सच्चा आनन्द
नहीं पायेंगे, जब तक आप का
हृदय प्रेम की लौ से
दीप्त नहीं होता।

अगस्त 30

जब आप कठिन समय से गुज़र रहे हों तो अपनी ओर से भरसक कोशिश करें और याद रखें, "भगवान कर्त्ता-धर्त्ता है।"

सितम्बर

इस धरती पर सबसे ग़रीब मनुष्य कौन है। जो अपने आपको अकेला और अनचाहा महसूस करता है। जाकर उसे साथ दो और उसे महसूस कराओ कि उसका भी अपना महत्त्व है, और आपकी यह सेवा देवदूतों की पुस्तक में अंकित होगी।

सितम्बर 1

क्या आप प्रेम पथ के यात्री हैं? तब आपको पानी की तरह विनीत होना पड़ेगा, जो सदा नीचे की ओर बहता है।

सितम्बर 2

भगवान आनन्द का तत्त्व है। परीक्षाओं व कष्टों के बीच, दुख व दर्द के बीच, अपने भीतर आनन्द का तत्त्व जीवित रखें। आप भगवान के समीप रहेंगे।

सितम्बर 3

एक स्त्री मुझे मिली और बोली,
“मैं 80 साल की युवती हूँ”
मैंने कहा, “आपके यौवन का
रहस्य क्या है?” वह बोली
“मैंने अपनी आशाओं को
जीवित रखा?”

सितम्बर 4

किसी मनुष्य की जेब चाहे
बिल्कुल खाली हो।
किन्तु वह फिर भी
अमीर है, यदि उसके
हृदय में प्रेम है।

सितम्बर 5

अपने बच्चों का ध्यान रखें,
वे आपका अनमोल ख़ज़ाना हैं।

सितम्बर 6

इस परछाइयों के संसार में
हम किसके लिये झगड़ रहे हैं?

सितम्बर 7

सत्यनिष्ठ होना,
अर्थात वास्तव में सुन्दर होना है।

सितम्बर 8

लोग Heart-attack से नहीं मरते, बल्कि भीतरी ज्वलनशीलता से मरते हैं। हर स्थिति में शान्त रहें।

सितम्बर 9

चाहे आपने हज़ारों गुणों का विकास किया हो, और अपने क्षेत्र में उत्तम माने जाते हों, किन्तु जब तक आप पर गुरु कृपा नहीं बरसेगी, तब तक आपका हृदय-कमल नहीं खिलेगा।

सितम्बर 10

ऐ दिल! सब दशाओं व
परिस्थितियों में उच्च दृष्टि रखो –
और प्रेम करो और हँसो।
और तुम पाओगे कि सब कुशल है,
कुशल था और सदा-सदा
के लिये कुशल रहेगा।

सितम्बर 11

भगवान पक्षियों के लिये भोजन
की व्यवस्था करता है,
पर उन्हें उसे खोजना तो पड़ता है।

सितम्बर 12

जीवन प्रभु द्वारा निर्देशित नाटक है। उसकी पटकथा पहले से लिखी गई है, हमें केवल प्रतीक्षा करना व देखना है। जीवन का नियम है - स्वीकार; स्वीकार और स्वीकार करो, सब उसकी इच्छा है। किन्तु यह तभी समझ आता है जब हमारी छोटी इच्छायें, दैविक महत् इच्छा में समा जाती हैं।

सितम्बर 13

मनुष्य शरीर नहीं, वास्तव में आत्मा है शरीर नाशवान है, आत्मा शाश्वत है। शरीर को पोषण चाहिये, पर आत्मा का पोषण भी आवश्यक है। आत्मा का पोषण है - प्रेम, श्रद्धा और सह-प्राणियों की सेवा।

सितम्बर 14

आनन्द तब तक प्राप्त नहीं
होता जब तक हम विचार, शब्द व
कर्म का समन्वय न कर लें।
जो हम कहते हैं, वही करें
हम वही बोलें जो हम सोचते हैं।

सितम्बर 15

प्रेम का एक मात्र
स्पर्श एक असभ्य आदमी को
सुस्कृत व्यक्ति में बदल सकता है।

सितम्बर 16

जिसे हमने अभी देखा ही नहीं, उसका ध्यान हम कैसे कर सकते हैं? इस तरह तो अजन्मा शिशु भी माँ की कोख से चीत्कार कर सकता है, "मैं अंधकार में हूँ। मेरी माँ कहाँ है?" उस अजन्मे शिशु को नहीं पता कि माँ ने ही उसे धारण किया हुआ है। माँ के बिना उसका अस्तित्व ही नहीं। यदि वह प्रतिक्षा करने का धैर्य रखे तो वह भी उसे देखेगा, उसका प्रिय-पात्र बनेगा।

सितम्बर 17

तलवार काट कर दो भाग कर देती है। प्रेम की तलवार दो को जोड़ कर एक कर देती है।

सितम्बर 18

प्रत्येक मनुष्य को अपने भाग्य के
अनुसार जीना होता है।
किसी को कैद मत करो।
किसी के साथ लिपटे मत रहो,
सब को स्वतन्त्र कर दो।
सच्चे प्यार का यही अर्थ है।

सितम्बर 19

मनुष्य कभी नहीं मरता,
उसका केवल शरीर मरता है।
मनुष्य तो अमर है।

सितम्बर 20

यदि कोई आपको क्रोधित करने में सफल होता है, तो आपने ही उसे अपने ऊपर नियन्त्रण का अधिकार दे दिया। सदा स्थिति को अपने नियन्त्रण में रखना सीखें।

सितम्बर 21

क्या आप आत्मिक कोष को
बढ़ाना चाहते हैं?
तो मौन का अभ्यास
करें और अभाव-ग्रस्त लोगों की
निष्ठापूर्वक सेवा करें।

सितम्बर 22

आपके भीतर
सब संभावनाएँ हैं।

सितम्बर 23

अब भी मैं भटकता हूँ,
सिसकता हूँ, व आह भरता हूँ।
तेरी आवाज़ आती है,
“देख, मैं तेरे नज़दीक हूँ”

सितम्बर 24

प्रेम करो, प्रेम करो और प्रेम करो-
उन्हें भी जो तुम्हें प्रेम नहीं करते वे
चाहे तुम्हें आग में फेंक दें,
तुम तीन तीन बार तपा कर
चमकाये सोने के समान चमकोगे।

सितम्बर 25

दुख जीवन का अभिन्न अंग है,
जीवित रह कर दुख भोगने ही
पड़ते हैं। किन्तु यह
कभी न भूलें कि आप दुखों से
अधिक शक्तिमान हैं।

सितम्बर 26

जीवन में सफलता वही मनुष्य पाता है जो अपने कर्त्तव्य से बढ़कर कुछ करता है।

सितम्बर 27

प्रेम शक्तिशाली है।
यह सबसे शक्तिमान मनुष्य
को भी हरा सकता है।

सितम्बर 28

परिणाम के लिये अधीर न हों। अपना अभ्यास करते रहें और जितना भला कर सकें करें। भगवान के नाम पर प्रतिदिन किसी की मदद करें।

सितम्बर 29

इस बात का महत्त्व नहीं कि
आप कितना लम्बा जीवन जीते हैं,
बल्कि इस बात का है कि
आप कैसा जीवन जीते हैं।

सितम्बर 30

अक्टूबर

दूसरों की सफ़लता पर भी
मुझे उतना ही प्रसन्न होना चाहिये
जितना अपनी सफ़लता पर।

अक्टूबर 1

आज संसार में सबसे बड़ा अकाल, प्रेम का है – नर-नारी आधुनिक जीवन की सुख सुविधाओं के होते हुए भी अप्रसन्न हैं। हमारी एक करुणाजनक आवश्यकता है प्रेम की, सच्चे प्रेम की निस्वार्थ प्रेम की – ऐसा प्रेम जो सेवा व बलिदान के कर्मों से व्यक्त होता है।

अक्टूबर 2

यदि मेरे अन्तःकरण में दिव्य प्रेम का एक अणु भी हो तो मैं उच्चतम स्वर्ग की भी परवाह न करूँ।

अक्टूबर 3

प्रेम के बिना जीवन मृत्यु है।
प्रेम के साथ मृत्यु अनन्त जीवन है।

अक्टूबर 4

भगवान की तरफ उन्मुख होने का कोई सीमित समय नहीं। केवल मन की आस्था व सहयोग और गहन श्रद्धा की आवश्यकता है।

अक्टूबर 5

क्या आप ऐसी शान्ति की खोज
में हैं जो समझ से परे है?
तब प्रतिरोध न करें,
बल्कि भगवत्-इच्छा जो कुछ
भी आपके झोली में डालती है,
उसको स्वीकार करें।

अक्टूबर 6

जो शरीर इन्द्रिय सुखों के पीछे
भागता है वह आत्मा की
कब्र बन जाता है।

अक्टूबर 7

सब तथ्यों में बड़ा तथ्य यह है कि भगवान मुझे आकाश की तरह अनन्त प्यार करता है।

अक्टूबर 8

क्या कोई मनुष्य प्रार्थना के द्वारा अपनी आसपास की परिस्थितियाँ बदल सकता है? प्रार्थना के द्वारा मनुष्य स्वयं को बदल सकता है और तदन्तर आसपास की परिस्थितियों के प्रति अपनी प्रतिक्रिया बदल सकता है। प्रार्थना द्वारा हम मुश्किल स्थिति से शायद बच न सकें, किन्तु हम निश्चय ही उस स्थिति का सामना करने व उसे वश में करने की शक्ति प्राप्त करेंगे।

अक्टूबर 9

भगवान से बात करने से
प्रार्थना आरंभ होती है,
किंतु उसकी बात सुने बिना
वह अधूरी है।
भगवान की बात सुनना ही
मुख्यता प्रार्थना है।
कहने का अभिप्राय है,
"भगवान! आप मुझ से क्या
करवाना चाहते हैं?"

अक्टूबर 10

भविष्य के लिये चिन्ता न करें। जब आपका भविष्य आयेगा तो उसका सामना करने के लिये आप में पर्याप्त बल होगा।

अक्टूबर 11

कायर कौन है?
वह जो यह जान कर भी कि
उसे क्या करना चाहिये —
कर नहीं पाता।

जो बुरा सोचता है,
अपने को बुराई की ओर
ले जाता है।
अन्ततः वह पापी बन जाता है।

अक्टूबर 13

यदि आप छोटी बातों से आहत हैं। आपका मन अभी बहुत छोटा है। महान व तेजस्वी मन प्रतिदिन की छोटी मोटी बातों से प्रभावित नहीं होते।

अक्टूबर 14

मनुष्य के लिये
उच्चतम व उत्तम को पाने का
रास्ता खुला है।
उसे निरंतर प्रयत्न करना चाहिये
और प्रयत्न करते हुए थकना
नहीं चाहिये।

अक्टूबर 15

तुम किसलिये इतने अधीर हो?
आज से एक साल बाद आपको
याद भी नहीं रहेगा कि आज के
दिन क्या हो रहा था,
या आपको इतना विचलित
क्या कर रहा था।

अक्टूबर 16

हर प्रदेश व हर क्षेत्र में भगवान का अस्तित्व है – उसके हाथ का स्पर्श है।

अक्टूबर 17

यह धरती कर्मभूमि है – कर्म का क्षेत्र है। हम में से प्रत्येक को कर्म, परिश्रम व प्रयत्न करना है। कर्म का फल स्वयं कर्म है क्योंकि कर्म हमें पवित्र व अग्रगामी बनाता है।

अक्टूबर 18

बोलने से पहले अपने आप से ये तीन प्रश्न पूछें।

1. क्या यह सत्य है?
2. क्या यह आवश्यक है?
3. इससे किसी को चोट तो नहीं पहुँचेगी?

अक्टूबर 19

वर्तमान में जियो। बीते समय का कोई दुख न हो, भविष्य के बारे में भयभीत न हों, किसी वस्तु की कामना न हो, किसी का आकलन न करें, प्रभु-इच्छा से जो मिले, उससे आनंदित हों।

अक्टूबर 20

भगवान शाश्वत करुणामय है।
उस के सब काम करुणामय हैं।
उसके आगे नमन करें उस पर
आस्था रखें, वह कभी
पीछे नहीं हटेगा।

अक्टूबर 21

वह मनुष्य झूठ बोलता है जो
कहता है कि वह भगवान का
सम्मान करता है,
किन्तु अपनी माँ का
आदर नहीं करता।

अक्टूबर 22

जीवन की भागदौड़ व रौनक
में यह कभी न भूलें कि वस्तुतः
आप अलौकिक हैं
'तत् त्वम् असि',
'तुम वह हो'।

अक्टूबर 23

उस वृक्ष की ओर देखो।
वह धरती से जुड़ा है,
फिर भी वह आकाश की ओर
उन्मुख है और उसने कभी भी
यह प्रश्न नहीं किया कि क्यों?

अक्टूबर 24

मनुष्य वही बन जाता है जिसे वह प्रेम करता है। वही रूप धारण कर लेता है। यदि वह पत्थर को प्रेम करता है तो पत्थर बन जाता है। यदि किसी वस्तु को प्रेम करता है तो वही वस्तु बन जाता है। यदि किसी मनुष्य से प्रेम करता है तो उसी अनुरूप बन जाता है। यदि भगवान से प्रेम करेगा तो भगवान स्वरूप हो जायेगा। पसन्द आपकी है।

अक्टूबर 25

प्रेम दूरबीन है। दूरदर्शी यंत्र है।
घृणा खुर्दबीन है। सूक्ष्मदर्शी यंत्र है।

अक्टूबर 26

क्या आप सच्चा आनन्द व मुक्ति प्राप्त करना चाहते हैं। तो इस बात का ध्यान रखो कि आपके सब विचार व इच्छाएं भगवान की ओर प्रेरित हों और वहीं उनका अंत हो।

अक्टूबर 27

मन में एक समय में एक ही
विचार टिक सकता है।
अच्छा हो कि यह भगवान के
विचार में मगन रहे और आप भगवान
स्वरूप हो जायेंगे।

अक्टूबर 28

प्रेम हमें उन भीतरी गहराईयों में ले जाता है जहाँ शब्दों का उच्चारण नहीं होता। केवल आँखें आँखों में देखती हैं और उस चितवन में आप खो जाते हैं।

अक्टूबर 29

कोई हमें हानि नहीं पहुँचा सकता। कोई हमारी अच्छाई नहीं छीन सकता। दूसरों को दोष न दें बल्कि प्रत्येक का सद्‌गुण ढूंढ निकालें। हम अद्‌भुत शान्तिपूर्ण हो जायेंगे और इस बात को समझेंगे कि जो कुछ घट रहा है, भले के लिये ही घट रहा है।

अक्टूबर 30

मैं अपने लिये क्या चाहता हूँ
और भगवान मेरे लिये क्या चाहते हैं
यदि ये दो इच्छाएं एक दूसरे के
विपरीत हों तो मैं भी वहीं चाहूंगा
जो भगवान की इच्छा है।
इसी से मुझे शान्ति मिलेगी।

अक्टूबर 31

नवम्बर

हे भगवान, मुझे ऐसी बुद्धि दो
कि मैं प्रेम भावना में अधिक से
अधिकतर बढ़ता जाऊँ।
आपकी पूर्ण योजना के आगे
सिर झुकाऊँ, जो कुछ हो रहा है,
उसे शान्त दृष्टि से देखता जाऊँ,
अपने मन को अविचल रखूँ,
मेरी आत्मा संतुष्ट रहे।
इस कष्ट व पीड़ा भरे संसार में
सहायता व कष्ट-निवारण में
आपका निरंतर साधन बना रहूँ।

नवम्बर 1

प्रेम का विपक्षी शब्द घृणा नहीं,
बल्कि उदासीनता है – अपने
आसपास के लोगों की
आवश्यकताओं के प्रति उपेक्षा।

नवम्बर 2

अपने पहनावे, खानपान व दैनिक जीवन में सरल व सादा रहें। झील में खिले कमल की तरह निष्कपट रहें, सूरज मुखी फूल की तरह सदा भगवान की ओर उन्मुख रहें जितना हो सके। अधिक से अधिक लोगों की सहायता करें। बिन बादल, निर्मल आकाश में चमकते चाँद की तरह आप चमकेंगे।

नवम्बर 3

मेरा शरीर क्षत-विक्षत हो चुका है पता नहीं और कितने दिन चलेगा। गिरने से पहले यह मुझे दूसरे छोर ले जाये।

आज सुबह मैंने प्रार्थना की, हे भगवन्! मैं विपथ पर बहुत दूर आ गया हूँ। अब मुझ भटके को घर बुला लो।

नवम्बर 4

मनुष्य की सबसे बड़ी दुःखजनक
बात है - कि वह समझता है,
उसके पास भरपूर समय है।

नवम्बर 5

हे भगवन! मुझे ऐसा आशीर्वाद दीजिये कि आज के दिन मैं आप से हाथों में हाथ मिला कर चलूँ – पूरा दिन भर!
जहाँ आप हैं,
वहाँ पाप नहीं पहुँच सकता।

नवम्बर 6

परिवर्तन और विकास जीवन के चिह्न हैं। यदि आप उन्नति के पथ पर परिवर्तित नहीं हो रहे हैं — अग्रसर नहीं हो रहे हैं — भगवान व मनुष्य के प्रेम में आगे नहीं बढ़ रहे हैं — तो क्या आप जीवित हैं?

नवम्बर 7

यदि कुछ करने योग्य है तो वह आपके द्वारा क्यों न हो? और वह आपके द्वारा अभी क्यों न हो?

नवम्बर 8

चिन्ता करके आप परिस्थितियों को बदल नहीं सकते। जीसस ने कहा है, "कोई भी मनुष्य चिन्ता करके अपना डील-डौल नहीं बढ़ा सकता। जैसा है वैसा चलने दो, भगवान के हाथ अपनी डोर छोड़ दें और आप अपने दैनिक जीवन में चमत्कार देखेंगे।

नवम्बर 9

जब आप अपनी समस्याएँ
भगवान को सौंप देते हैं –
और उनके बारे में भूल जाते हैं,
तो वे अपने आप सुलझ जाती हैं।

नवम्बर 10

कहीं न कहीं से करना
आरंभ करें।
हवाई किले बनाने का
कोई लाभ नहीं।

नवम्बर 11

जब मैं दूसरे लोक में पहुँचूंगा
तो कोई मुझसे यह नहीं पूछेगा,
"आप ने क्या क्या योजनाएँ
बनाईं?" वे पूछेंगे
"आपने किया क्या?"

नवम्बर 12

वास्तविक सुन्दर बनने के लिये
हमें चाहिये कि-

1. पवित्र जीवन जियें।
2. सत्य के प्रति निष्ठावान रहें।
3. रोष से रहित हों।
4. सदा मुस्कराते रहें, व
5. ग़रीब व दलितों की सेवा करें।

नवम्बर 13

प्रत्येक मनुष्य राजा, राष्ट्रपति या प्रधान मंत्री नहीं बन सकता। किंतु प्रत्येक मनुष्य स्वयं का, अपनी इन्द्रियों व मन का, अपनी इच्छाओं व कामनाओं का, पशु-क्षुधाओं का - स्वामी हो सकता है। आत्मसंयम सीखो।

नवम्बर 14

विनम्रता व प्रेम भावना और
सेवा से आप किसी के भी
दिल का द्वार खोल सकते हैं।

नवम्बर 15

शर्तयुक्त प्रेम कहता है :
"मैं तुम्हें प्रेम करता हूँ क्योंकि मुझे तुम्हारी आवश्यकता है। शर्तरहित प्रेम कहता है, मुझे तुम्हारी आवश्यकता है क्योंकि मैं तुम्हें प्रेम करता हूँ।"

नवम्बर 16

विवाह क्या है?
सदा उसी मनुष्य से,
प्रतिदिन, नव प्रेम करना।

नवम्बर 17

क्या आप सफ़लता प्राप्त करना चाहते हैं? भगवान को अपना भागीदार बनाइये। बार बार उसके पास जाइये। वह आपकी सहायता करने को सदा तत्पर रहता है। कई लोग इसीलिये असफल होते हैं, क्योंकि वे ऐसे काम करना चाहते हैं, जो प्रभु की सहायता के बिना नहीं किए जा सकते।

नवम्बर 18

यदि हम ध्यान से देख सकें तो
इस प्रलोभनमय संसार के
सब सुखों से अधिक
आनन्द दुख में है।

नवम्बर 19

गुरुदेव! आप जहाँ जहाँ जायेंगे,
मैं आपका अनुगामी रहूँगा।
जहाँ आप ठहरेंगे, वहीं मेरा घर
होगा। आप जिसे प्रेम करेंगे,
मैं भी उसे प्रेम करूँगा।
आपके चरण कमल मुझे काशी या
रोम से भी अधिक पुनीत हैं।

नवम्बर 20

हम जहाँ भी जायें, प्रेम करें व हँसे, सेवा करें व गायें। हमारे हृदय में एक हरा-भरा वृक्ष हो और कालांतर एक बुलबुल का गायन गूंजने लगेगा।

नवम्बर 21

अति हृदय पीड़ा से एक मनुष्य चीत्कार कर उठा, "मेरे पाप पर्वतों से भी बड़े हैं। मैं क्या करूँ? और उसने एक आवाज़ सुनी, जिसने कहा, केवल मुझे प्रेम करो - और तुम्हारे सब पाप धुल जायेंगे।"

नवम्बर 22

मैं तो समुद्र में तैरती हुई लाखों मछलियों में से एक हूँ। मेरा प्रियतम कब आयेगा और मुझे अपने काँटे में आ पकड़ेगा।

नवम्बर 23

आज हमारे पास
अंसख्य जानकारी है।
किंतु हाय, ज्ञानी मनुष्य कहाँ हैं?

नवम्बर 24

क्या आप वह देखते हैं जो मैं
देख रहा हूँ? इन नन्हें-नन्हें पक्षियों
व पशुओं में कौन निवास करता है?
अपनी कोमल, प्रेममयी दृष्टि से
तुम्हें कौन देखता है? स्वयं भगवान।
इसलिए उन्हें न मारो,
न उनका माँस खाओ।
बल्कि अपने हृदय की
प्रेम व करुणा उन पर उंडेलो।

(25 नवम्बर, साधु वास्वानी जी का जन्मदिन,
विश्व भर में माँसरहित दिवस के रूप में मनाया जाता है।)

नवम्बर 25

दूसरों के दुखों के सामने,
अपना दुख छोटा लगता है।

नवम्बर 26

क्या आप संसार को सुधारने को उत्कंठित हैं? तो पहले अपने आप को सुधारें - अपने आपको बदलें। आत्म विवेचन, प्रार्थना व निष्काम सेवा द्वारा अपना नव-निर्माण करें।

नवम्बर 27

प्रार्थना में बोलने से बेहतर है
कि कष्ट के समय उसकी कृपा
दृष्टि पाने की प्रतिक्षा करें ताकि वह
अपने भव्य सुर्दशन रूप का
हमें दर्शन दे।

नवम्बर 28

यह संसार स्वर्ग
कब प्रतीत होता है?
जब कोई प्रेम में ओत प्रोत हो।

नवम्बर 29

यदि आप इन्द्रधनुष चाहते हैं तो
वर्षा को भी स्वीकार कीजिये।
यदि आप गुलाब चाहते हैं तो
उसके कांटों को भी स्वीकार
करना होगा।

नवम्बर 30

दिसम्बर

विषय-वासनाओं के
बहुत से पाप हैं,
मन का अहंकार असहाय है!
हे भगवन! आप ही मेरे रक्षक हो,
मुझे कुपथ से दूर रखो और मुझे
सुपथ की ओर रास्ता दिखाओ।

दिसम्बर 1

जीवन क्या है?

भगवान का दिया हुआ शानदार उपहार! इसे जीवन की मनोकामनाओं, कुकर्मों व निरंतर इच्छाओं में न गवां दें, बल्कि प्रतिदिन सन्मार्ग पर चलें। यही विजय पाने का मार्ग है, कामनाओं, इच्छाओं व मृग-तृष्णा पर विजय पाने का मार्ग है।

दिसम्बर 2

इस संसार में कोई भी वस्तु इतनी महत्त्वपूर्ण नहीं कि उसके लिये हमें उत्कंठा हो। यदि हम बाल-सुलभ विश्वास के साथ अपनी समस्त समस्याएँ भगवान को सौंप दें, तो हम समुद्र पर नृत्य करती लहरों के समान हर्ष पूर्वक जीवन व्यतीत कर सकते हैं।

दिसम्बर 3

ज़रा से अभ्यास व प्रयास द्वारा
हम नकारात्मक सोच को
अस्वीकार कर सकते हैं।
उससे आप शान्त, स्थिर, स्वयं से,
व अपने आस-पास के सब
लोगों से संतुष्ट रहेंगे -
सद्भावना से रहेंगे।

दिसम्बर 4

किसी भी वस्तु से विचलित होने से इन्कार कर दीजिये। किसी से रूष्ट या नाराज़ होने से इन्कार करें और आप सदा सातवें आसमान पर रहेंगे।

दिसम्बर 5

मैं सुखों की खोज में नहीं हूँ, क्योंकि सुख मनुष्य को दुर्बल बनाते हैं। मैं किसी संपत्ति पर कब्ज़ा नहीं चाहता, क्योंकि कब्ज़ा अधिकारी को ही कब्ज़े में कर लेता है,
मैं सत्ता नहीं चाहता,
सत्ता से मनुष्य भ्रष्ट होता है।
हे प्रभु! मुझे आपकी लगन है।
मुझे आशीर्वाद दीजिये कि मेरा
प्रत्येक दिन आपके प्रति
प्रेम-अर्पण करने को उगे।

दिसम्बर 6

अनेक लोग भगवान के दिये उपहारों के कारण उसे प्यार करते हैं। उसे उपहारों के कारण प्रेम न करके केवल उसके अस्तित्व के लिये उसे प्रेम करें।

दिसम्बर 7

आशा किसी चीज़ की न रखो किन्तु जो कुछ भगवत् इच्छा से मिल जाये, उसे स्वीकार करो। हर वस्तु के लिये आभारी रहें। यह आपको आन्तरिक बल देगा और आप जीवन की परीक्षा के क्षण व कष्टों का सामना आस्था व दृढ़ता से करेंगे।

दिसम्बर 8

चाहे हम न सुन पायें, किन्तु एक आवाज़ हम से बारम्बार बात करती है। बेशक हम उसे देख नहीं पाते, किन्तु कोई हमें देख रहा है और सदा हम पर नज़र रखे हुए है।

दिसम्बर 9

जीवन की महानतम उपलब्धि यह है कि हम भगवान से जीवंत संबंध बनाये रखें। चाहे हमसे सब कुछ छिन जाये, किन्तु यह संबंध बना रहे। इसके लिये आवश्यक है कि जागृत चेतना का विकास किया जाये।

दिसम्बर 10

प्रेम का पक्षी आस्था व समर्पण रूपी दो पंखों से उड़ता है। पंख जितने शक्तिशाली होंगे, पक्षी की उड़ान उतनी ही ऊँची होगी।

दिसम्बर 11

आप कुछ भी करें, हमेशा भगवान का ध्यान करें। तनख़ाह के लिये काम न करें, प्रभु प्रेम के लिये करें। प्रश्न उठता है, "यदि हम वेतन के लिये काम न करें तो हमारी आवश्यकतायें कौन पूरी करेगा?" उत्तर बड़ा सरल है, "यदि लौकिक स्वामी तुम्हारी आवश्यकतायें पूरी करता है तो क्या परमपिता तुम्हें त्याग देगा? जो भगवान की ओर उन्मुख हैं, उन्हें किसी वस्तु का अभाव नहीं रहेगा।

दिसम्बर 12

एकाग्रता की समस्या ही
आध्यात्मिक जीवन की समस्या है।
मन इधर-उधर न भटक कर
किसी एक विचार,
किसी एक शब्द या
किसी एक नाम पर
एकाग्र रहना चाहिये।

दिसम्बर 13

गीता में प्रभु ने कहा है, "तुम जो कुछ भी खाते हो, मुझे अर्पण कर दो।" यह तभी हो सकता है जब मन हृदय और इच्छा सब खाने की प्रक्रिया में भाग लें, तब सचमुच खाना पूजा हो जाता है और स्वास्थ्य व जीवन शक्ति का स्त्रोत बन जाता है।

दिसम्बर 14

शान्ति, सच्ची शान्ति प्रभु के
चरण कमलों में है। और वह दूर
नहीं है। वह बिल्कुल वहीं है,
जहाँ हम हैं। जब हम उसकी
प्रेममयी उपस्थिति
के प्रति सचेत हो जाते हैं,
जब हम उससे बात करते हैं,
मौन के आवरण में तो हम
उज्ज्वल हर्ष व परम शान्ति
से भर जाते हैं।
प्रभु का प्रेम हमें अपने में
समा लेता है। और हम कभी
अकेले नहीं होते।

दिसम्बर 15

प्रभु की महिमा बनी रहे।
अपने आप को ज़रूर ऊँचा उठाएँ
किन्तु किसी को नीचा न दिखाएँ।

दिसम्बर 16

अपनी पढ़ने वाली पुस्तकें और
मिलने जुलने वालों को
ध्यानपूर्वक चुनें।

दिसम्बर 17

किसी के बारे में अपनी राय कायम न करें, बल्कि हमेशा इस बात पर विचार करें कि वह किन-किन कठिनाइयों व ख़तरों से गुज़रा है।

दिसम्बर 18

प्रेमियों को जोड़ने के लिये किसी
मज़बूत रस्सी की आवश्यकता नहीं।
एक पतला धागा पर्याप्त है।

दिसम्बर 19

यदि आप अंधेरे से प्रकाश की ओर जाना चाहते हैं तो दूसरों में दोष देखना छोड़ दें। दूसरों में दोष देखने का अर्थ है भगवान में दोष देखना।

दिसम्बर 20

यदि आप प्रेम करना चाहते हैं
तो स्वयं को कुछ भी न समझें।
प्रियतम ही सब कुछ है।

दिसम्बर 21

प्रभु, मुझे ऐसा बनाये, ऐसा ढालें, ऐसी आकृति दें, जिससे आपको मेरे कारण शर्मिन्दा न होना पड़े।

दिसम्बर 22

अफसोस ! हम में से कई लोग
बहुत सी बातों में व्यस्त हैं,
किन्तु एक आवश्यक बात को
भूल गये हैं — ईश्वर का साम्राज्य !
यह हम सभी के अन्दर विद्यमान है।
हमें करना केवल यह है कि
अन्तःकरण में झाँकें।

दिसम्बर 23

अपने जीवन में किसी को प्रसन्न करने का विचार त्याग कर अपना कर्त्तव्य निभाते चलें। हमें भगवान को प्रसन्न करना है।

दिसम्बर 24

विजय विचारों की होती है।
विचारों को बदलिये और आपका
जीवन बदल जायेगा।
आप नवीन हो जायेंगे।

दिसम्बर 25

अपनी जेबों पर पकड़ कसने
और जिह्वा को ढील देने की बजाय,
जिह्वा पर संयम और बटुए का
मुँह ढीला रखना सीखें।

दिसम्बर 26

जब सन्तरे का सारा रस निचोड़ लिया जाये तो छिलके का मुरब्बा बनाने का विचार आता है। किन्तु इसके लिये निष्ठा व दृढ़ लगन की आवश्यकता है।

दिसम्बर 27

सफ़लता पाने के लिये तीन
सीढ़ियाँ हैं।
पहली - सुनो
दूसरी - मनन करो और
तीसरी - फिर कर्म करो
यदि इन तीनों में से एक भी छूट
गई तो सफ़लता अधूरी रह जायेगी।

दिसम्बर 28

जितना भला कर सकते हो करो। किन्तु यह कभी न भूलो कि दूसरे आपसे बेहतर हैं।

दिसम्बर 29

जीवन मित्रता की खोज है।
हमें जो मनुष्य मिले,
उसे हम अपना मित्र बना लें।
कोई भी अजनबी नहीं, वे केवल
मित्र बनने की प्रक्रिया में हैं।

दिसम्बर 30

मनुष्य हृदय की धड़कन द्वारा
जीवित नहीं है वह
भगवान की कृपा से जीवित है।
केवल भगवत्-कृपा पर्याप्त है।

दिसम्बर 31